AF297474

LA CRISE ÉCONOMIQUE MONDIALE DE 2007-2009

Quand « subprime » signifie dérive de la spéculation

Par Anastasia Samygin-Cherkaoui

50MINUTES.fr

LA CRISE ÉCONOMIQUE MONDIALE DE 2007-2009

QUAND « SUBPRIME » SIGNIFIE DÉRIVE DE LA SPÉCULATION

- **Quand ?** 2007-2009
- **Où ?** Démarre aux États-Unis avant de s'étendre à l'économie mondiale
- **Contexte ?** Aux États-Unis, l'éclatement d'une bulle immobilière spéculative va entraîner un défaut de paiement massif auprès des emprunteurs. L'existence d'un mécanisme de prêts à haut risque, dont les organismes prêteurs s'étaient défaus-sés sur d'autres organismes financiers par le biais de la titrisation, est révélée.
- **Protagonistes ?**
  - Les organismes parapublics Federal National Mortgage Association (FNMA ou « Fannie Mae ») et Federal Home Loan Mortgage Corporation (FHLMC ou

« Freddy Mac »).
- ◦ Les grandes banques d'affaires et compagnies d'assurance américaines : Goldman Sachs, AIG, Lehman Brothers, Morgan Stanley et JP Morgan Chase.
- ◦ Michael Burry (médecin et manager de gestion alternative américain, né en 1971) et Steve Eisman (investisseur américain, né en 1962). Ils sont parmi les premiers investisseurs à prévoir l'imminence de la crise des subprimes.

- **Mots-clés ?**
  - ◦ <u>Subprimes</u> : aux États-Unis, prêts consentis à des emprunteurs peu solvables, pour l'achat de biens immobiliers ou autres.
  - ◦ <u>Titrisation</u> : mécanisme mis en place dans les années 1990 permettant à une banque de revendre, sous forme de titres, les prêts qu'elle a consentis.

En 2008, c'est la découverte de l'Amérique. L'Amérique WASP (pour *White Anglo-Saxon Protestant*), on connaissait ; on découvre avec stupeur l'Amérique SWAP, celle de la bulle immobilière et de la crise financière. On découvre des pratiques financières qui ont jeté à la rue des milliers de ménages américains, vidé des quartiers entiers des leurs habitants, ruiné des municipalités et conduit à la faillite de nombreuses banques et une compagnie d'assurances.

En 2008, c'est le début d'une crise qui, de financière et localisée au départ, devient rapidement économique et mondiale. Très vite, les termes de « subprimes », « actifs toxiques », « titrisation », etc., font leur apparition dans le vocabulaire quotidien. Par le biais de fonds d'investissement, ces actifs toxiques mettent les grandes banques européennes en péril. On découvre l'opacité des systèmes financiers et l'arrogance latente contenue dans l'expression *Too big to fail* (« trop grand pour chuter ») qui qualifie les grandes banques, tant américaines qu'européennes. Les États se voient bientôt contraints de les renflouer à coups de plans de sauvetage et de milliards de dollars ou d'euros.

En 2008, c'est la découverte de l'enfer du rêve américain.

CONTEXTE

LA MISE EN PLACE D'UN MÉCANISME PERNICIEUX

Les subprimes

Existant depuis les années 1990 et initialement prévus pour permettre l'accès à la propriété à une population précarisée, les crédits dits *subprime*, c'est-à-dire littéralement « de second choix », sont détournés de cette finalité dans la première moitié des années 2000, essentiellement en raison de leurs taux d'intérêt plus élevés (et variables) et de la fiabilité du marché immobilier alors en plein boom. Également appelés prêts « Ninja » (pour *No income, no job, no assets* : « Pas de revenus, pas de travail, pas d'actifs ou de capital »), ils représentent un potentiel de croissance fantastique pour des banquiers qui imaginent, dès le départ, revendre ces prêts à d'autres acteurs financiers (banques, assureurs, fonds de placement).

Comment cela fonctionne-t-il ? En contrepartie de taux élevés et souvent variables, les subprimes permettent à des ménages de s'endetter au-delà de leur capacité, en misant sur la hausse sans faille et sans fin du marché immobilier. C'est ainsi que des ménages vont contracter ces crédits, parfois plusieurs pour la même habitation. En effet, en cas de difficultés pour honorer leur engagement, les clients peuvent :

- réemprunter un montant supérieur, basé sur une réévaluation à la hausse de leur bien, afin de rembourser les mensualités du premier financement ;
- miser eux-mêmes sur l'évolution du marché et contracter un crédit pour acheter un immeuble de rapport (immeuble acheté à des fins spéculatives, généralement divisé en plusieurs logements loués par le ou les propriétaires), dont les rentrées doivent théoriquement – si le marché immobilier se maintient – permettre de financer le remboursement du premier emprunt.

Étant donné que ces prêts prévoient une période « intéressante » pour l'emprunteur (par exemple deux ou trois ans à taux fixe et relativement bas) avant de voir l'application des taux variables, celui-ci imagine initialement pouvoir s'en sortir ; mais les situations de défaut de paiement apparaissent presque systématiquement au moment de la fin de la période couverte par un taux fixe, obligeant l'emprunteur à s'endetter davantage.

Entre 2001 et 2007, la dette hypothécaire américaine va presque doubler en chiffres absolus. L'endettement hypothécaire moyen des ménages augmente également, passant de 91 500 à 149 500 dollars, avec des revenus pour l'essentiel stagnants (« Subprime Mortgage Crisis », University of North Carolina at Chapel Hill).

Parallèlement, tant que les prix augmentent, les consommateurs épargnent moins, dépensent et empruntent davantage. La dette totale des ménages connaît ainsi une croissance fulgurante : de 7 400 milliards de dollars fin 2000, elle passe à 14 500 milliards à la mi-2008, ce qui représentait alors 134 % des rentrées des ménages.

La titrisation

Par le jeu des rachats et prêts interbancaires, les prêts consentis par une banque sont revendus à une autre, plus grosse, sous forme de titres. Ces titres peuvent être échangés sur les marchés. Plus le taux de l'emprunt initial est élevé, plus le taux du retour sur investissement sera important. Le marché immobilier étant perçu comme fiable et en progression, les crédits immobiliers n'ont pas inspiré de méfiance particulière.

Regroupés avec d'autres titres, les prêts « à risque » se retrouvent de la sorte disséminés dans les plus grosses banques d'affaires, au sein de produits financiers dits « complexes » (CDO, CDS).

- Une ***Collateralized Debt Obligation*** (CDO) ou « obligation adossée à des actifs » est un mélange d'obligations *a priori* risquées (cotées au minimum B) qui, remises ensemble au sein d'un nouveau produit financier, se sont vu attribuer une cote favorable (AAA) par les agences de notation. Dans le film *The Big Short* (2015), la CDO est expliquée par la métaphore suivante : un cuisinier ayant des filets de poisson invendus (les obligations B), qu'il ne peut plus mettre à la carte pour une question de fraîcheur, décide de les cuisiner en ragoût, créant ainsi un nouveau produit (CDO) qu'il peut valoriser (triple A) et remettre à sa carte les jours suivants.

UN PETIT MOT SUR LES COTATIONS

Alors que les actions sont des parts de capital, les obligations sont des reconnaissances de dette. Pour donner à l'investisseur une idée du risque qu'il court, les obligations font l'objet de cotations, qui vont de AAA à D. Le triple A correspond à la qualité d'obligation la plus élevée, tant en ce qui concerne le capital que le paiement des intérêts. Quant au D, il qualifie les obligations « en défaut ». Entre les deux, les lettres B et C (et les subdivisions BBB, BB, B, puis CCC, CC, C) se rapportent à des produits de plus en plus spéculatifs.

- Un ***Credit Default Swap*** (CDS) ou « couverture de défaillance » est un instrument créé au début des années 1990 par Blythe Masters (opératrice de marché britannique, née en 1969), de la banque d'affaires JP Morgan. Il désigne une sorte de contrat d'assurance entre des institutions financières, qui peut être intégré à un « pack » de CDO. Comme dans un contrat d'assurance classique, nous avons un preneur et un vendeur qui, contre paiement d'une prime, s'engage à couvrir le risque de défaut de paiement des créances assurées. Tant que le risque ne survient pas, l'assureur perçoit les primes et augmente ses avoirs, sans devoir investir en contrepartie. Or, si le risque survient, il doit débourser des sommes pouvant se révéler considérables. Mais ici, contrairement aux assurances classiques, le vendeur de l'assurance n'a pas l'obligation de constituer de réserve. Il peut donc couvrir un risque qu'il ne peut pas lui-même assumer. De plus, ces paiements étant incertains, ils sont comptabilisés hors bilan. Dès lors, les avoirs apparaissent par le fait des versements de primes, tandis que les risques sont en quelque sorte « cachés ». Par conséquent, ce produit est un incitant au risque, tant dans le chef du preneur que du vendeur de cette « assurance ».

La titrisation a donc pour conséquence (et pour objectif) de défausser le risque sur un ou plusieurs opérateurs financiers autres que celui qui a consenti le crédit. C'est là un changement profond dans le métier de banquier : alors qu'auparavant, les banques étaient responsables du défaut de paiement de leur client – elles devaient se prémunir contre ce risque pour toute la durée du contrat –, elles peuvent désormais se défaire de ce risque, c'est-à-dire aussi de leur responsabilité.

Dans cette perspective, l'analyse du risque revêt moins d'importance, voire devient négligeable ! Par ailleurs, ces produits s'avèrent tellement complexes qu'au final, il est impossible de savoir qui détient quoi. En définitive, ce système de dilution se révèle insuffisant, et les titres comprenant les créances à risque se retrouvent concentrés au sein des grands organismes de banque et d'assurance.

Alors que le mécanisme est vicieux, il prend une ampleur telle que les produits intégrant ces prêts subprimes deviennent finalement de véritables bombes à retardement pour les banques : en 1998, les subprimes représentaient environ 2,8 % des prêts hypothécaires américains (BARTNIK (Marie), « Comprendre la crise des subprimes en quatre questions simples », in *lefigaro.fr*, septembre 2015). Ce taux va passer à plus de 20 % fin 2006 (KARABELL (Zacchary), « Les prêts subprime sont de retour, et c'est une bonne chose », trad. par Jean-Clément Nau, in *slate.fr*, octobre 2014) tandis qu'au cours de l'année 2007, 40 % des nouveaux crédits hypothécaires sont des subprimes.

SPÉCULATION ET EFFET DE LEVIER

Si l'on ajoute à cela qu'environ 40 % des prêts subprimes sont eux-mêmes spéculatifs, en ce sens qu'ils portent sur des immeubles de rapport ou des résidences secondaires (« Subprime Mortgage Crisis », University of North Carolina at Chapel Hill), on comprend en quoi les subprimes comportent un risque non négligeable. Quand le marché s'écroule, ce secteur spéculatif va chuter plus rapidement que celui du marché résidentiel.

Le caractère pernicieux de la titrisation des prêts à risque est encore augmenté par ce qu'on appelle « l'effet de levier », c'est-à-dire la capacité d'un opérateur à augmenter sa rentabilité au moyen de l'endettement. Le levier se calcule en mettant en rapport la rentabilité financière et la rentabilité économique.

La principale différence entre les deux se situe au niveau du dénominateur : alors que la rentabilité financière est calculée par rapport aux capitaux propres, c'est-à-dire l'apport réel de l'emprunteur, la rentabilité économique se calcule sur la totalité des capitaux engagés, ce qui comprend également l'endettement. Tant que l'évolution des bénéfices obtenus grâce à l'endettement dépasse ce dernier, le levier est positif et la rentabilité des capitaux propres augmente. Les actionnaires perçoivent des dividendes importants, d'autant plus intéressants :

- qu'ils n'apportent qu'une partie de la valeur de l'investissement ;
- que le taux d'emprunt est faible ;
- que le gain est important.

Bon à savoir

Il est à noter que le terme « effet de levier » s'applique pour des taux positifs. Le revers s'appelle, de manière éloquente, « effet boomerang » ou « effet massue ».

Mise en situation

Prenons l'exemple classique de l'achat d'un immeuble de rapport avec 20 % d'apports privés. Le levier sera de 4 (soit 80 % d'emprunt/20 % de fonds propres). Son effet final sera positif si les loyers perçus sont supérieurs au coût du crédit et si la valeur estimée du bien augmente.

- Achat de l'immeuble : 200 000 €.
- Apport en fonds propres : 40 000 €.
- Montant de l'emprunt : 160 000 €.
- Taux d'emprunt : 2 %.
- Recettes locatives annuelles : 7 200 € (soit 600 € par mois).

La rentabilité financière se montera donc annuellement à : 7 200 € (loyers perçus), desquels on déduit 0 € (car il n'y a pas d'impôt sur les recettes locatives) et 3 200 € (coût du crédit), soit un total de 4 000 €. Ce montant est encore à mettre en rapport avec les capitaux propres, ce qui donne 10 % (4 000 €/40 000 €). Quant à la rentabilité économique, elle mettra en rapport les 7 200 € de loyers et la totalité des capitaux engagés, soit 200 000 € ; elle sera donc de 3,6 %.

Le levier est de 4, soit le rapport entre la dette (160 000 €) et les fonds propres (40 000 €). Quant à l'effet de levier, une façon simplifiée de le calculer est de faire la différence entre le taux de rentabilité économique (3,6 % dans le cas qui nous occupe) et le taux d'intérêts de l'emprunt (ici : 2 %). Quand ce taux est positif, l'effet de levier l'est également, d'autant plus qu'il est appelé, si tout va bien, à augmenter au fil du temps avec :

- l'indexation des loyers ;
- la plus-value prise par le bien ;
- la diminution progressive de la part des intérêts dans le remboursement du crédit.

Si le prêt est un subprime pour lequel aucun capital initial n'est apporté, le levier est important, mais l'effet de levier sera nul ou négatif (si l'immeuble est surévalué et/ou si l'emprunteur obtient d'emblée la capacité d'emprunter plus que sa valeur estimée). Même en percevant des loyers, la rentabilité financière sera négative dès le départ, étant donné que l'apport en fonds propres est faible ou nul et que, pour cette raison même, les taux d'intérêt seront plus élevés.

- Achat de l'immeuble : 200 000 €.
- Emprunt de 110 % de sa valeur, soit 220 000 € à 4 % d'intérêt, ce qui donne un coût de la dette de 8 800 €.
- Recettes locatives annuelles : 7 200 €.

Selon cette hypothèse, la rentabilité économique est de 3,3 % : soit 7 200 € (produits) de 220 000 € (capitaux engagés). Le problème est que cette rentabilité est inférieure au taux d'intérêt (4 %). Nous obtenons ainsi un effet de levier négatif à concurrence de 0,7 %.

Or, imaginons à présent que je souhaite acheter un nouvel immeuble à 180 000 € (ce qui sera également le montant de mon nouvel emprunt) et que, pour ce faire, j'apporte mon premier immeuble (d'une valeur de 200 000 €) en garantie. Supposons que, pour ce nouvel immeuble, les recettes sont toujours de 7 200 €. Selon ces critères, mon levier et de 1,1 % (200 000 € de mon apport et 180 000 € de dette). La rentabilité économique sera de 7 200 € (recettes) sur les 380 000 € d'apport total (qui correspond aux fonds propres, augmenté de la dette). Ce qui nous donne 1,9 %.

Toutefois, si mes recettes ne sont plus de 7 200 €, mais de 6 000 €, ma rentabilité économique chute à 1,57 %. Ainsi, si mon taux d'emprunt est de 2 %, mon effet de levier sera une nouvelle fois négatif. Ce simple exemple laisse entrevoir l'effet pernicieux de dominos auquel une telle pratique peut conduire.

L'inconséquence des banques

En ce qui concerne les banques, il est dans leurs attributions de prêter davantage que leurs fonds propres. Leur métier comprend ainsi immanquablement une part de risque en cas de non-paiement, surtout de non-paiement massif. C'est pourquoi des règles de prudence doivent être respectées afin de limiter les effets de levier et de séparer les activités spéculatives risquées des activités traditionnelles. À ce titre, il est souvent préconisé que les banques de dépôt soient simplement séparées des banques d'affaires ou d'investissements.

Quant aux fonds de placement, leur activité est purement spéculative. C'est ce qui leur permet de proposer des taux d'intérêt élevés. En parallèle, le taux de risque est également supérieur, ce qui implique qu'ils tolèrent des taux d'effet de levier tout aussi élevés. Cela dit, au moment de leur faillite, la banque américaine Bear Stearns présentait un levier de 35 et le fonds de placement Carlyle Capital Group de 32, alors que les manuels d'économie présentent le caractère positif du principe du levier à partir d'une fourchette allant de 2 à 5 (LORDON (Frédéric), « Quatre principes et neuf propositions pour en finir avec les crises financières », in *Le Monde diplomatique*, avril 2008)...

Concrètement, si on reprend notre exemple ci-dessus, pour un apport de fonds propres de 40 000 €, un levier de 30 suppose un endettement possible de l'emprunteur de 1 200 000 € (lorsque le levier correspond au rapport entre la dette et les fonds propres).

DÉROULEMENT

En 2007, tous les ingrédients d'une crise sont réunis :

- les taux augmentent avec l'arrivée à échéance de la période des taux attractifs et bas et l'application des taux variables ;
- un nombre important de ménages se retrouvent en incapacité de paiement ;
- le taux de non-paiement atteint rapidement 15 %.

Au total, 8 000 000 de ménages perdront leur logement cette année-là, qu'il s'agisse de propriétaires ou de locataires d'un propriétaire concerné. Si les saisies ont rapidement atteint le chiffre d'un million par an, il n'y a pas eu d'accalmie. Ainsi, en septembre 2011, la Fed (banque fédérale américaine) estimait encore le taux des ventes forcées à 40 % (« À l'origine de la crise des subprimes, le marché immobilier américain », in *nouvelobs.com*). Un rapport du service français du trésor de 2011 estime un total de 17 millions de saisies immobilières entre le début de la crise en 2006 et un retour à la normale escompté pour 2015 (Sᴏʀʙᴇ (Stéphane), « Saisies immobilières aux États-Unis et pertes des institutions financières », in *Trésor-éco*, n° 57, mai 2009).

Les banques réalisent subitement l'importance des actifs toxiques, c'est-à-dire de la présence d'actifs spéculatifs à haut risque et non identifiés comme tels, dans leurs comptes. Les activités spéculatives étant inextricablement mêlées aux activités « traditionnelles », elles chutent conjointement. Comme l'illustre l'économiste et sociologue français Frédéric Lordon (né en 1962) dans sa comédie *D'un retournement l'autre* (2011) :

> « Ces créances pourries, il vous doit l'apparaître,
> Par la porte sortie, rentrent par la fenêtre.
> Les crédits titrisés sont actifs négociables.
> Il s'en mange au marché, comme foin à l'étable.
> Notre banque, pauvresse, j'ose à peine, Monsieur,
> S'en est gavée si bien, s'en est mis jusqu'aux yeux.
> Que nous voilà chargés, près de l'indigestion,
> Comme un égout qui sort de la maison
> Mais fait soudain un coude et revient aux wécés –
> Nous baignons dans la crotte, nous sommes maculés. » (Paris, Seuil, 2011, p. 13)

En 2009, on estime que la valeur du patrimoine de 23 % des propriétaires n'ayant pas fini de rembourser leur emprunt hypothécaire est inférieure aux sommes empruntées. Mais ce taux moyen de 23 % recouvre des réalités différentes. Ainsi, dans le Nevada, 65 % des propriétaires sont concernés par ce problème de surévaluation de leur immeuble, tandis qu'ils sont 48 % en Arizona, ou encore 45 % en Floride (HALIMI (Serge), « Cleveland contre Wall Street, les subprimes au cinéma », in *Le Monde diplomatique*, août 2010). Ce dernier État comptera même en 2012 le record national des emprunteurs incapables de rembourser leur prêt : 45 % (« Subprime Mortgage Crisis », University of North Carolina at Chapel Hill).

De la crise des subprimes à la crise banquière et financière

Le 10 juillet 2007, l'agence de cotation Moody's dégrade la cote de 400 titres liés à des subprimes, alors que la semaine suivante, la banque d'investissement Bear Stearns informe que son fonds d'investissement a perdu la moitié de sa valeur à cause des subprimes.

Début août 2007, du fait de la titrisation, d'autres établissements américains, mais aussi australiens et européens annoncent être touchés par ce début de crise. En France, BNP suspend trois fonds de placement liés à des subprimes. Toujours en août, les banques centrales injectent de la monnaie pour maintenir à flot les organismes financiers en difficulté. La Bank of America vient au secours de Countrywide, le premier prêteur immobilier du pays menacé de faillite, en lui injectant deux milliards de dollars. Ces premiers apports, bien qu'importants, ne suffiront pas et devront être suivis par d'autres, en septembre de la même année.

C'est ainsi que le 14 septembre 2007, la Banque d'Angleterre annonce avoir dû consentir un prêt d'urgence au cinquième organisme de financement hypothécaire du pays, la Northern Rock. Si la crise commence à prendre de l'ampleur, nous sommes encore loin de son paroxysme, atteint un an plus tard.

En décembre 2007, les banques centrales injectent encore des liquidités, ce qui provoque un rebond des bourses et une montée des taux d'intérêts américains. Cette hausse va aggraver, dans une certaine mesure, la crise des subprimes ; en tout cas pour les prêts dont les taux variables étaient liés à ceux de la banque fédérale américaine (Fed).

Mars 2008 voit une nouvelle injection de liquidités de la Fed, qui octroie un prêt de 30 milliards de dollars à la banque JP Morgan.

Le 30 juillet, le président américain Georges W. Bush (né en 1946) prend une série de mesures, dont la création d'un fonds de 300 milliards de dollars, pour aider les emprunteurs hypothécaires en difficulté. Il accorde également une aide d'urgence aux organismes parapublics Freddie Mac et Fannie Mae. Malgré ces efforts, ces derniers devront être mis sous tutelle en septembre 2008. À cette date, le coût pour l'État américain pourrait s'élever à 200 milliards.

De la crise banquière et financière à la crise économique mondiale

Les 15, 16 et 18 septembre 2008, les choses s'accélèrent encore :

- le 15, la banque d'investissements Lehman Brothers se déclare en faillite ;
- le 16, la Fed accorde un prêt de 85 milliards à l'assureur AIG, au bord de la faillite ;
- le surlendemain, elle doit injecter 180 milliards de dollars sur les marchés tandis que la Banque centrale européenne (BCE) fera de même pour 40 milliards.

À la fin du mois, la Belgique, les Pays-Bas, le Luxembourg et la France volent au secours des banques BNP (avec une nationalisation partielle, puisqu'un État possède plus de ressources qu'une société privée et n'est pas censé tomber en faillite) et Dexia (avec une prise de capital pour 6,4 milliards d'euros).

Le mois suivant, le plan Paulson de sauvetage des banques américaines prévoit la création d'un fonds public de minimum 700 milliards visant le rachat des prêts à risques et la stabilisation des marchés. En Europe, les pays du G7 s'entendront pour lancer un plan analogue en vue du sauvetage du système financier. Et quelques jours plus tard, le 13 octobre, le gouvernement français décide de procéder à l'injection de 10,5 milliards d'euros dans les six plus grandes banques du pays.

En avril 2008, le FMI (Fonds monétaire international) estime le coût de la crise à 1 000 milliards de dollars alors que l'OCDE (l'Organisation de coopération et de développement économiques) considère que les pertes liées aux subprimes se montent à 422 milliards de dollars.

Les sommes en jeu donnent le tournis. Si cette crise peut être considérée comme un événement incontournable de l'Histoire économique contemporaine, c'est certainement en raison de son ampleur – on estime que les banques ont perdu au total 700 milliards de dollars (Couderc (Nicolas) et Montel-Dumont (Olivia), « D'une crise à l'autre. Des subprimes à la crise mondiale », in *Les politiques économiques à l'épreuve de la crise*, Cahiers français, n° 359, novembre-décembre 2010) –, mais aussi de son étendue et de ses conséquences.

RÉPERCUSSIONS

LES ÉTATS À LA RESCOUSSE

Aux États-Unis, même si les accords entre acteurs privés sont privilégiés, l'État doit intervenir. Le sauvetage de la Bear Stearns coûte 29 milliards ; 200 autres sont consacrés aux organismes Fannie Mae et Freddy Mac. Il soutient encore le sauvetage de l'assureur AIG – dont la chute est estimée cataclysmique – en entrant au capital pour 79,9 % via l'injection de 85 milliards de dollars.

Par contre, l'État n'intervient pas pour Lehman Brothers : sa chute a des répercussions jusqu'en Europe, notamment en raison de ses nombreuses filiales installées sur le vieux continent ; les pertes sont estimées à 500 millions d'euros dans chacune des deux plus grandes banques françaises. Pour ces raisons, c'est cette faillite-là qui révèle les actifs toxiques détenus par les banques européennes.

L'Angleterre devra quant à elle débourser 35 milliards d'euros pour sauver la Northern Rock, augmentés de 40 milliards de garanties d'État.

L'Allemagne mettra la main au portefeuille via des consortiums privés et publics : elle privilégie le sauvetage de banques publiques régionales pour 8 milliards d'euros par un organisme public plus important, plus un crédit total de 26 milliards octroyé par un consortium public/privé pour le sauvetage de la banque Hypo Real Estate.

Les cas de Fortis et de Dexia sont plus complexes. L'apport de 16,8 milliards d'euros consenti conjointement par la Belgique et les Pays-Bas pour sauver Fortis s'étant avéré insuffisant, les deux États décident de nationaliser des éléments de la bancassurance belgo-néerlandaise.

- Les Pays-Bas nationalisent d'abord Fortis NL et lui accordent un crédit supplémentaire de 34 milliards.
- La Belgique nationalise Fortis Banque Belgium ainsi que Fortis Assurance. Ces deux activités seront par la suite reprises par le français BNP Paribas, à 100 % pour l'assurance et à 75 % pour la banque. De la sorte, la Belgique reste

actionnaire du groupe BNP Paribas Fortis pour un peu plus de 11 %. Elle conserve aussi 90 % des actifs risqués de l'ancienne Fortis Banque Belgique, qui ont été transférés dans une structure dite « de défaisance », afin de revendre ces actifs au meilleur prix. Le but de ces structures est d'assainir les comptes en sortant les actifs douteux des bilans des grandes banques pour ainsi leur éviter la faillite. À noter que tous les actifs à risque ainsi isolés ne seront pas problématiques. Ils pourront donc, à terme, être encaissés ou renégociés. Par ailleurs, il est important pour les banques de regagner la confiance des clients et investisseurs « traditionnels », et donc d'identifier clairement dans leurs actifs les placements à risque.

En ce qui concerne Dexia, les trois pays concernés (Belgique, France et Luxembourg) organisent son sauvetage conjointement. Ils injectent ensemble 6,4 milliards et garantissent 100 % des nouvelles obligations émises.

LES BANQUES METTENT LA MAIN AU PORTEFEUILLE

Aux États-Unis, cinq grandes banques (Wells Fargo, Bank of America, JP Morgan Chase, Citigroup et Ally Financial) concluent un accord d'un montant total de 25 milliards de dollars pour se mettre à l'abri des poursuites pour saisies immobilières abusives. Outre cette amende collective, voici quelques-unes des amendes individuelles dont s'acquitteront les banques :

- JP Morgan Chase accepte de payer 13 milliards de dollars dans le cadre d'un accord à l'amiable pour indemniser des particuliers ;
- La Bank of America verse 11,6 milliards de dollars à l'organisme de refinancement Fannie Mae avant de verser, en juin 2011, 8,5 milliards de dollars d'indemnisation à un groupe d'investisseurs. Enfin, début 2014, la même Bank of America est reconnue coupable de fraude aux deux organismes parapublics américains de régulation et de refinancement hypothécaire Fannie Mae et Freddie Mac. Elle est en effet accusée d'avoir volontairement dissimulé le caractère risqué d'une partie de ses actifs,

et est condamnée à verser une amende de 9,5 milliards de dollars ;
- Citigroup est à son tour condamnée à une amende de 7 milliards pour avoir vendu des titres adossés à des subprimes.

DOUTES SUR LES DETTES SOUVERAINES

En raison de la dépréciation d'un certain nombre d'actifs, la première répercussion porte sur les liquidités des banques, qui doivent rapidement, comme on l'a vu, être renflouées par des fonds publics.

Mais au-delà de ça, c'est la méfiance qui s'installe vis-à-vis d'actifs douteux, puis entre les banques et leurs clients. Les conditions d'accès au crédit se durcissent tandis que l'incertitude grandit, qu'il s'agisse de crédit aux particuliers ou aux entreprises.

Si les dépenses augmentent en période de croissance, elles diminuent en période de récession, ce qui contribue à amplifier le mouvement. Outre les faillites, nombre d'emplois sont perdus, non reconduits (CDD, intérim, non-remplacements, etc.) ou simplement non créés. Les finances publiques sont détériorées du fait des plans de sauvetage des banques et de la récession qui s'amorce, alors que l'endettement public général est déjà élevé.

Les États sont alors face à un dilemme :

- soit ils activent des plans de relance économique qui ont, à court terme, un impact négatif sur les finances publiques ;
- soit, au contraire, ils limitent les dépenses publiques par des plans d'austérité qui risquent, quant à eux, d'augmenter l'ampleur de la récession.

Pour certains pays tels que la Grèce, l'Espagne ou le Portugal, les États estiment que le risque d'un défaut de paiement devient critique. Or, dans le cas de la Grèce, 80 % de la dette du pays sont détenus par d'autres banques européennes. La crise porte désormais sur la dette souveraine des États.

Alors que cette dette est traditionnellement jugée sans risque, cette confiance aveugle est dorénavant remise en question : à partir du moment où la dette publique est telle qu'une partie ne sera jamais remboursée, la solvabilité prétendument infaillible des États est mise en échec. En cas de faillite, les créanciers doivent effectivement procéder à des abandons de créance. Mais peut-on vraiment envisager la banqueroute d'un État au sein de l'union économique et monétaire européenne ?

Ainsi, tout comme les consommateurs peu solvables, les États considérés comme à risque doivent à leur tour s'acquitter de taux d'emprunt supérieurs. En 2010, la Grèce a ainsi dû emprunter à un taux d'intérêt de plus de 9 %, alors que les taux, en 2009 et 2008, tournaient davantage autour des 5 %. Et ce n'est qu'un début : en 2011, ces taux montent à 15,75 % pour atteindre 22,50 % en 2012. Pour les mêmes années, les taux des obligations à long terme (10 ans) étaient respectivement de 2,74 % en 2010, 2,61 % en 2011 et 1,50 % en 2012 pour l'Allemagne, et de 3,46 %, 4,23 % et 3 % pour la Belgique. En 2015, alors que l'Allemagne et la Belgique voient leurs taux d'emprunt descendre en dessous de 1 %, les taux grecs se chiffrent encore à près de 10 %.

RÉFLEXIONS SUR L'ÉQUITÉ ÉCONOMIQUE

Les interactions entre États et banques sont complexes. D'un côté, les États ont un rôle de contrôle et de réglementation du secteur financier – rôle auquel ils ont largement failli –, mais d'un autre côté, ils ont grandement besoin des banques, qui sont leurs organismes de prêt. Ceci explique que la fonction de l'État est complexe, car il est tout à la fois client et autorité de supervision. Plus la banque est forte, plus le pouvoir de l'État se voit restreint. Les principaux acheteurs des obligations d'États sont en effet les banques nationales, européennes et internationales.

La banque acquéreuse initiale peut aussi revendre cette dette au bout d'un certain temps. Elle devient alors négociable sur les marchés, disponible pour d'autres investisseurs. En 2010, l'Agence française du Trésor estime qu'un tiers de la dette française est détenue par des investisseurs français, un autre tiers par d'autres investisseurs européens et le troisième tiers par des étrangers extra-européens.

Cette proportion de détenteurs non nationaux était de 20 % il y a une quinzaine d'années (POTTIER (Jean-Marie), « Comment on achète de la dette publique », in *slate.fr*, janvier 2011), cela peut poser problème dans la mesure où ces investisseurs peuvent avoir des préoccupations différentes (d'un point de vue environnemental, éthique, etc.) de celles de l'État dont ils détiennent la dette, qui peut conséquemment perdre en liberté d'action.

Imaginons maintenant que la dette d'un pays soit détenue par une poignée d'investisseurs : il serait pour ainsi dire à leur merci. On peut penser ici à Pablo Escobar (célèbre narcotrafiquant colombien, 1949-1993) qui avait, au milieu des années 1980, proposé de racheter la dette de la Colombie en échange de son entrée en politique.

Des initiatives relatives à une finance éthique, locale, durable et responsable voient le jour suite à la crise de 2008. Leur importance reste néanmoins marginale par rapport à la totalité du secteur financier. Par ailleurs, lorsque l'on analyse ces projets d'un peu plus près, on observe qu'ils n'ont rien de nouveau. Ils faisaient déjà partie intégrante des « vieilles » banques, des banques publiques, des banques d'avant les consortiums, telles que le Crédit communal en Belgique ou le Crédit municipal en France.

La finance telle qu'elle se conçoit dans une économie libérale capitaliste n'intègre *a priori* pas de dimension éthique à son fonctionnement, mais les enjeux qu'elle soulève engendrent immanquablement des retombées socio-économiques dont dépend fortement le sort des sociétés. Puisque l'on parle dorénavant de financiarisation du monde, ces enjeux sont de plus en plus prégnants.

Dans ce contexte, la finance peut-elle encore privatiser ses profits tout en mutualisant les risques en cas de défaillance ? Peut-elle se jouer de l'économie réelle, faire de l'argent avec de l'argent pour ensuite laisser les contribuables essuyer les plâtres lorsque ses dérapages deviennent incontrôlables ?

Le but de la finance n'est plus de voir l'argent comme un outil, mais comme une finalité. Il y a là un paradoxe fondamental qu'il serait grand temps de revoir !

ET AUJOURD'HUI ?

Qu'a-t-on retenu des déboires de 2008 ? Les prêts d'aujourd'hui sont-ils plus sûrs que ceux d'hier ? Il semblerait que ce ne soit pas forcément le cas. Les subprimes reprennent, notamment pour du crédit à la consommation. Les États-Unis commencent en effet à accorder de nouveaux crédits à des clients à risque, cette fois pour l'achat de voitures, alors même que le taux de non-paiement de ces crédits atteint des sommets.

Par ailleurs, le dossier des prêts étudiants américains devient inquiétant (LAUER (Stéphane), « Les dettes des étudiants inquiètent les États-Unis », in *lemonde.fr*, février 2015). La Fed estime leur total à 1 160 milliards de dollars (pour un montant individuel moyen de l'ordre de 30 000 dollars).

Qu'adviendra-t-il si l'accès à l'emploi ne suit pas ? En juin 2014, le président Obama (né en 1961), conscient de cette problématique, a décidé par décret que le montant maximum du remboursement sera plafonné à 10 % des revenus du jeune diplômé. La mesure, qui existait déjà pour les emprunts souscrits après 2007, est désormais accessible pour les emprunteurs ayant signé avant cette année-là. Malheureusement, malgré cela, l'adage « pas de finance sans conscience » n'est pas encore d'actualité.

EN RÉSUMÉ

- Le point de départ de la crise de 2008 tient dans l'explosion de la bulle spéculative immobilière aux États-Unis.
- Sur cette première spéculation, une autre est venue se greffer, une spéculation économique cette fois.
- Cette spéculation économique a été rendue possible par des mécanismes de titrisation et de création de produits financiers complexes : CDOS (*Collateralized Debt Obligation*), CDS (*Credit default swaps*).
- La particularité de ces produits est non seulement de permettre aux organismes prêteurs de se défausser du risque lié au crédit, mais aussi d'assurer, de réassurer et de spéculer sur une même valeur de départ. De la sorte, des créances douteuses se transforment en actifs échangeables dont la valeur peut être démultipliée...
- C'est pour cette raison que la crise a pris une telle ampleur : le montant total des crédits hypothécaires « subprime » est estimé à

1 100 milliards de dollars. Comment la crise aurait-elle pu coûter autant et avoir de telles répercussions, si ce n'est par le biais de cette spéculation et de leviers inconsidérés ?

- Une autre particularité de cette crise est de révéler les imbrications entre les banques et la titrisation croisée à un niveau international. En fin de compte, on ne sait plus qui détient quoi. Ainsi, des actifs qui peuvent être considérés comme toxiques, non seulement ne sont plus clairement identifiés en tant que tels, mais se retrouvent en sus disséminés au sein d'un grand nombre d'organismes financiers.
- Entre 2007 et 2014, le taux d'endettement public mondial va connaître une croissance moyenne de 5,8 % (avant la crise) à 9,7 %. Cela représente 25 000 milliards de dettes publiques supplémentaires.

Votre avis nous intéresse !
Laissez un commentaire sur le site de votre
librairie en ligne
et partagez vos coups de cœur sur les réseaux
sociaux !

POUR ALLER PLUS LOIN

SOURCES BIBLIOGRAPHIQUES

- BARTNIK (Marie), « Comprendre la crise des subprimes en quatre questions simples », in *lefigaro.fr*, septembre 2015, consulté le 2 janvier 2017. http://www.lefigaro.fr/economie/le-scan-eco/explicateur/2015/09/03/29004-20150903ARTFIG00126-la-crise-des-subprimes-en-quatre-questions.php

- BERNARD (Philippe), « À Orlando, les expulsés du "rêve américain" vivent un enfer », in *lemonde.fr*, avril 2013, consulté le 3 janvier 2017. http://www.lemonde.fr/ameriques/article/2012/04/23/a-orlando-les-expulses-du-reve-americain-vivent-un-enfer_1689699_3222.html

- « Subprime Mortgage Crisis », University of North Carolina at Chapel Hill, Department of Statistics and Operations Research, 2012, consulté le 17 janvier 2017. http://www.stat.unc.edu/faculty/cji/fys/2012/Subprime%20mortgage%20crisis.pdf

- « Crise financière 2007-2008 : les raisons du désordre mondial – chronologie », in *ladocumentationfrancaise.fr*, novembre 2008, consulté le 3 janvier 2017. http://www.ladocumentationfrancaise.fr/dossiers/crise-financiere-2007-2008/chronologie.shtml

- COUDERC (Nicolas) et MONTEL-DUMONT (Olivia),
« D'une crise à l'autre. Des subprimes à la crise
mondiale », in *Les politiques économiques à
l'épreuve de la crise*, Cahiers français n° 359,
novembre-décembre 2010.

- DELION (André), « La crise financière et le retour
des États », in *Revue française d'administration
publique*, 4/2008 (n° 128), p. 799-816.

- HALIMI (Serge), « Cleveland contre Wall Street,
les subprime au cinéma », in *monde-diploma-
tique.fr*, août 2010, consulté le 2 janvier 2017.
http://www.monde-diplomatique.fr/
carnet/2010-08-20-Cleveland-contre-Wall-Street

- KARABELL (Zacchary), « Les prêts subprime sont de
retour, et c'est une bonne chose », trad. par Jean-
Clément Nau, in *slate.fr*, octobre 2014, consulté le
2 janvier 2017. http://www.slate.fr/story/92621/
subprimes

- LAUER (Stéphane), « Les dettes des étudiants
inquiètent les États-Unis », in *lemonde.fr*,
février 2015, consulté le 2 janvier 2017. http://
www.lemonde.fr/economie/article/2015/02/18/
les-dettes-des-etudiants-inquietent-les-etats-
unis_4578459_3234.html

- « Les États-Unis, spécialistes des amendes records
pour les banques », in *lemonde.fr*, juillet 2014,
consulté le 2 janvier 2017. http://www.lemonde.
fr/economie/article/2014/07/14/les-dix-plus-
grosses-amendes-infligees-par-les-etats-unis-aux-

banques-en-trois-ans_4456986_3234.html

- LORDON (Frédéric), *D'un retournement l'autre*, Paris, Seuil, 2011.

- LORDON (Frédéric), « Quatre principes et neuf propositions pour en finir avec les crises financière », in *blog.mondediplo.net*, avril 2008, consulté le 2 janvier 2017. http://blog.mondediplo.net/2008-04-23-Quatre-principes-et-neuf-propositions-pour-en

- POTTIER (Jean-Marie), « Comment on achète de la dette publique », in *slate.fr*, janvier 2011, consulté le 2 janvier 2017. http://www.slate.fr/story/32511/dette-France-marches

- SORBE (Stéphane), « Saisies immobilières aux États-Unis et pertes des institutions financières », in *Trésor-éco*, n° 57, mai 2009.

- « Taux d'intérêt à long terme », in *ocde.org*, consulté le 6 juillet 2017. https://data.oecd.org/fr/interest/taux-d-interet-a-long-terme.htm

SOURCES COMPLÉMENTAIRES

- JOVANOVIC (Pierre), *Blythe Masters. La banquière de la JP Morgan à l'origine de la crise mondiale*, Paris, Le jardin des Livres, 2011.

- LEWIS (Michael), *Le casse du siècle*, Paris, Sonatine, 2010.

- SANDEL (Michael J.), *What Money Can't Buy. The Moral Limits of Markets*, Londres, Allen Lane, 2012.

FILMS ET DOCUMENTAIRES

- *Cleveland contre Wall Street*, documentaire de Stéphane Bron, France-Suisse, 2010.

- *Margin Call*, film de Jeffrey C. Chandor, avec Kevin Spacey, Jeremy Irons, Paul Bettany et Zachary Quinto, États-Unis, 2011.

- *The Big Short*, film d'Adam McKay, avec Christian Bale, Steve Carell et Ryan Gosling, États-Unis, 2015.

Éditeur responsable : Lemaitre Publishing
Avenue de la Couronne 159 | BE-1050 Bruxelles
info@lemaitre-editions.com

ISBN ebook : 978-2-8080-0321-6
ISBN papier : 978-2-8080-0322-3
Dépôt légal : D/2017/12603/691
Photo de couverture : © Elise Vanhecke

Conception numérique : Primento,
le partenaire numérique des éditeurs.